Naturaleza de la sombra

Jorge Rodríguez Manzano

Aliarediciones

Corrección: Eladia Guerrero
Diseñon de cubierta: Aliar Ediciones
Maquetación: Aliar Ediciones

Depósito Legal: GR 1006-2025
ISBN: 979-13-87823-58-0

Impreso en España

Edita
ALIAR Ediciones
www.aliarediciones.es
info@aliarediciones.es

Naturaleza de la sombra

Jorge Rodríguez Manzano

Aliarediciones

Atravesé la parte más oscura, la más triste, la más bella.

No lo sabían
pero el viaje ya había empezado.

Hay que bajar a las profundidades
del deseo
lamer el vacío extraer
el jugo de la nada.

En el antiguo templo del amor
y para siempre
un sueño se diluye en el efímero presente.

El cuarto menguante de la luna
adornaba la profunda noche
las ventanas los tejados mi tenebroso corazón.

Voy a medir este tiempo en palabras
el silencio no tiene medidas.

de RECUERDOS IMPRECISOS DE LIBRETAS PERDIDAS

1. EL GENIO

Soy el genio
de la lámpara
encerrado
en su magia
vivo en una cueva
como en el mito de la caverna
vivo dentro
de mi pensamiento
tengo
conversaciones inacabables
con alguien que espero que no sea yo mismo
¿hay alguien que me habla? ¿eres tú?
¿hay un lugar común?
hay sombras y preguntas
y un detective imposible que busca
el rastro del misterio
la cura de una herida en un trozo de cielo
perseguirte en un lugar imaginario
en una luz lejana
en un deseo
dos deseos
tres deseos

¿te concederé?
¿me concederás?
¿nos concederemos?
¿o solo seremos deseo para siempre?

2. ALEJARSE

A veces hay que alejarse demasiado
para encontrar la perspectiva
adecuada
entender las cosas desde lo alto
de la montaña
con el viento en la espalda
a veces la perspectiva desaparece del todo
y ya solo hay
el otro lado.

3. UNA IDEA

Iba a escribir algo concreto
tal vez genial
sublime
esa idea que viene
como una deuda con la realidad
que debe ser saldada
las manos el camino la materia
como las miradas y la verdad
o los objetos de carácter mágico
o un espectáculo pirotécnico
o un espejo una pestaña la sombra de unos ojos
la lamparita pequeña en la mesa de noche
una hoja una lupa
como el sueño no es sueño
como si hubiera de verdad otro lugar
que también está aquí
como si después de muchas vueltas hubiera una salida
ese otro lugar tal vez sea alguien
alguien, tú, tal vez
ya hablé de ti anteriormente
tu voz en el silencio de la noche
o todas tus voces en el mirador de la colina
el lejano mar aplastado contra el cercano cielo
como el cuerpo de otra persona entre tus brazos
a veces viene el viento y las nubes y la lluvia
y la colina se inunda de deseos

como aquella idea parecida al inicio de este poema
un pensamiento que se podía acariciar
esa idea que aparece de repente
y que contiene un todo secreto
también el cielo
también las nubes
y el lejano mar y tu cuerpo
o tus labios
o tus labios
o tus labios
no consigo sentir la realidad por completo
si no es bordeando la locura
sé que hay fórmulas secretas capaces
de abrir una montaña
una magia antigua de palabras
a punto de un hechizo
en esta frase hicimos el amor
la mirada quedó justo donde abandonaste la mirada
en qué ojos o en qué momento
como aquella idea que era como acariciar un pensamiento
el inicio del secreto
aquella idea genial que se escapa
y que persiste
y que se escapa
y que en su huida
lo inunda todo.

4. TENÍA UN NOMBRE

Se ve que lo que hacíamos tenía un nombre
habíamos sido libres hasta entonces
libres en nuestros sentimientos quiero decir
libres de sentir de respirar de desear
libres de ser
pero descubrimos
que lo que estábamos haciendo tenía un nombre
ya había sido definido
y entonces nuestros corazones
se hundieron hacia el interior
lejos en la dimensión pequeña
donde sentir o no sentir
no es una opción o un nombre.

5. *PAREDES*

Más allá de las paredes de esta casa
estabas solo tú
como único pretexto
del mundo externo
pero también estabas (seguías todavía)
dentro de mí
y los límites de la distancia o del silencio
continuaban siendo insuficientes.

6. LA PUNTA DEL ICEBERG

Hubo un tiempo en el que todo
era la punta
del iceberg.
Escribía largas páginas y largas horas
pero no conseguía aproximarme
nunca al centro.
Penetraba desde todas
las direcciones
las perspectivas los puntos cardinales
sacaba un catalejo pero nada
nuevo avistaba
seguía
en la punta del iceberg
en una de las múltiples
puntas del iceberg.
Avancé interminablemente
pero el centro continuaba oculto
en un lugar remoto.
Da igual,
al fin y al cabo
fue la punta del iceberg
la que destruyó mi barco.

7. EL LENTO DEVENIR DE LOS SEGUNDOS

Los grandes vacíos de las grandes ciudades
la gravedad del cielo azul marchito
el terciopelo de la tarde
como unos ojos que se cierran lentamente
o un recuerdo muy suave en el crepúsculo
de una ciudad anchísima
sin límites
llena de grandes y ocultos vacíos
en algún momento hay un rumor de hojas
que significa que pasaron por allí
tal vez el límite esté hacia adentro
y en el centro se acumulen los acantilados
un claro de repente que aparece
algo parecido a una muerte muy dulce
de besos y de sábanas
que se oscurecen en el cuarto
la noche es mentira nadie
debe partir
ya no quedan restos de la tarde nadie
debe volver
la soledad impera
y la venganza se impone en la memoria
la soledad de un recuerdo que deja una cicatriz
como el corto adiós de una cuchilla
como una canción que se desliza
no suena, se desliza

no sueña, muere
la soledad de un cuchillo abandonado en la cama
la dureza de una piedra continuamente piedra
la frialdad precisa de los acantilados
que esperan un tropiezo
las sombras de las nubes de la tarde
la soledad de las nubes rojizas
una luz neutra sobre mar y rocas
los ojos suspendidos
el lento devenir de los segundos
que se aceleran
justo en el inicio de la caída.

8. CUANDO EL MUNDO INTERIOR ES UN ABISMO

Primero parecía un castillo
de cristal o de mármol o de sueño
a lo lejos algo tremendamente bello
un paisaje del que los ojos no quisieran
salir
pero adentrarse en el paisaje es otra cosa
la luz del fondo
tal vez solo se debe
a la total oscuridad de los alrededores
y a lo lejos uno no es capaz de distinguir
el foso que circunda el castillo
y que lo convierte en fortaleza
en abismo de luz inexpugnable.

9. *CONVERSACIÓN EN LA ESCALERA*

Soñé que aprendía a tocar una canción con la guitarra
una antigua canción con una letra misteriosa
sobre un encuentro misterioso
soñé que podía tocar la guitarra a la vez que cantaba
soñé que te tocaba y te cantaba esa canción
había mucha gente
y yo cogía la guitarra
y decía 1, 2, 3
y cantaba y tocaba para ti
como si solo tú pudieras
saber el misterio de la letra.

10. POEMA DE NAVIDAD

Muchos conocen ese cuento de Navidad
el del viejo y avaro señor Scrooge
al que le visitan unos fantasmas
en Navidad
y le enseñan su vida
el fantasma del presente
le enseña el presente
el del pasado el pasado
y el del futuro el futuro
y así el señor Scrooge
el viejo y avaro señor Scrooge
comprende algo
y se convierte
en el viejo y amable señor Scrooge
sí, muchos conocen el cuento
y el final feliz
pero pocos conocen
la juventud del viejo señor Scrooge
siempre viejo
el fantasma del pasado era solo un fantasma
el fantasma del futuro
sin embargo
parecía real
y el señor Scrooge
sacó su revólver
similar a una cámara fotográfica

la luz se enciende
el señor Scrooge sonríe
le pide al fantasma que sonría también
el sonido se mezcla con una carcajada
y el fantasma del futuro cae al suelo entre el humo
la sangre tiene un brillo metálico
el señor Scrooge se acerca todavía sonriendo
mira sus ojos de cerca
se cierran lentamente
como la esperanza
como el futuro
abatido por la niebla del tiempo
como si la muerte pudiera morir
y él estuviera condenado a sí mismo para siempre.

11. UN ARTISTA SIN PÚBLICO

Un artista sin público
como aquel fuego
que ardió toda la noche
por la tarde recogiste troncos y hojarasca
hacía frío
y te decidiste a hacer un gran fuego
para pasar largas horas
al lado de la chimenea
pensando y mirando
escuchando
imaginando
confundiendo
la memoria y la imaginación
la historia y la posibilidad
tal vez algún rato
leyendo
una botella de vino
tal vez buscar la antigua pipa
pero encendiste el fuego
y cuando empezaba a crecer
vinieron a buscarte
tuviste dudas pero saliste
te fuiste
y el fuego siguió creciendo
y crepitó y chisporroteó
y contó secretas historias

en la sala vacía
iluminó los últimos recodos
en sus momentos más álgidos
como si el hueco de la chimenea
conectara con el cielo
y ejerciera de portal
silbaba la madera
y las arañas
corrían
sin querer escapar
y los troncos se iban consumiendo
en una lenta y larga combustión
de intercambio de energías...
así toda la noche
el frío disipado
acumulado en la ceniza
perdido para siempre en la materia y el espacio...
no volviste hasta que ya era de día
aún quedaba algo de calor
algunas brasas que animadas por el viento
podrían recordar alguna cosa
un susurro
una voz indistinguible
que anuncia el fin del espectáculo.

12. DESPLAZAMIENTOS

Desplazarse al otro lado creyendo
que alguien nos podría soñar
arañarse el sentimiento
como el que persigue un estado
desconocido
buscar un estado conocido sería lo mismo que huir
llorar en una pausa
como si el deseo fueran dos líneas que se unen
a veces es la víctima quien vuelve
a la escena del crimen.
Abatido por el amor bajo las pocas estrellas de la ciudad
elegido por el cielo para brillar inútilmente
no creo en la memoria pero sigo recordando.
Solo el presente.
La tristeza corriendo en las mejillas.

¿Tendré siempre una herida que tiembla entre mis manos?
¿un latido a la espera?
¿un sueño de metal reverberando?
¿el doble filo de la esperanza preparado y sediento?

13. UNA PAREJA EN VERANO

Una pareja se hace una foto
una selfie
parece que están enamorados
es verano
ella se ajusta el escote
él sonríe convencidamente
ella también aunque no demasiado
transcurre la tarde entre una cerveza
y un agua con gas
luego pedirán unos gin-tonics
y follarán en el cuarto del hotel
sálvame tiempo, self-me,
dame tu espejo de amor
mientras el sexo dure
y los cuerpos se consuman
mientras ella se ajusta el escote
y mira algo en el teléfono
y busca después con la mirada
algo que no sabe
un espejo sin bordes
una palabra desconocida
que se esconde tras la palabra tiempo
tras la palabra amor y nunca
y unas gafas de sol
enormes
donde se reflejan los ojos de él

que sigue confiando en sí mismo
sin entender nada
confiar sin entender tal vez es la clave
para continuar
o para descansar
a la sombra de los parasoles y del tiempo.

14. TENGO ALGO QUE DECIR

Tengo algo que decir
una verdad supongo
pero no tengo a nadie a quien decirla
¿entonces?
entonces hablo, no, quiero decir: pienso
no, quiero decir: escribo
eso, no llego a hablar solo
solo en el interior
esa verdad para nadie
una verdad perdida y hallada
y vuelta a perder
las nubes se mueven rapidísimas
el viento es frío
la verdad apenas se sostiene
se apoya en tu hombro y respira
en intervalos discontinuos
habla de algo, te nombra tal vez
sabe que eres tú el que escucha
tú el único que puede entender
tú el portador de esa verdad ahora
pero la verdad aspira al para siempre
y no hay nadie a quien decirla
¿morirá entonces la verdad contigo?
sabes de sobra que deberías desprenderte de ella
cuanto antes

antes de la muerte
antes al menos
de que el amor se extinga.

15. UNA HISTORIA DE FANTASMAS

Había un fantasma
que aparecía a menudo
me acariciaba
en silencio
pero era un fantasma
y me acariciaba
y yo sentía las caricias
también me abrazaba
pero era un fantasma
y sin embargo yo sentía sus abrazos
incluso había veces que me despertaba a su lado
como si hubiera aprendido
el camino exacto de mis sueños
las huellas de mi almohada
las arrugas de las sábanas
el último pliegue de la cortina
el sonido del amanecer en los cristales exteriores
sin apenas ser consciente
me fui dando cuenta de que sus caricias
ya no eran silenciosas
ni sus abrazos solo nocturnos
se presentaba ya a cualquier hora
y empezaba a hablar
aunque al principio era más bien
como si solo me observara
esa sensación de ojos y de espejo

y después eran ya las palabras claras y exactas
y los largos paseos a mi lado
pero era un fantasma
y en el suelo se proyectaba una sola sombra
y los únicos sonidos
eran los de mis pasos
pero caminábamos juntos
aunque era solo un fantasma
y me hablaba ya de continuo
como si fuera mi propia voz
pero un día dejó de acompañarme
y sus visitas empezaron a ser intermitentes
y sus palabras ecos solo de una despedida
distinguí entonces
claramente
que no era mi voz
aquello que había estado sonando
dentro de mí
y que el fantasma era real
y que ahora me había abandonado
quise encontrarlo de nuevo
saber si él me escuchaba
y si el fantasma
era ahora yo.

16. PASIÓN PASIVA

Ileso.
Iluso.
Lesión.
Ilusión.
Peso. Beso. Contrapeso.
Esta herida latiendo para siempre
¿es mi corazón?
¿eres tú?
¿somos tú y yo en nuestra propia eternidad?

17. COCINA EN LLAMAS

Me rodeo de libros y libretas en blanco
hace calor
mucha humedad
estoy en una ciudad cerca de la costa
pero pronto me dirigiré hacia tierras interiores
lejos del mar
hacia la amplia meseta y su cielo interminable
a veces pienso que ese lugar ya no es real
o que acaso nunca lo fue
que es solo un recuerdo de la infancia
a veces pienso que la infancia es un invento que nos acompaña
el mar está aquí el horizonte allí
una cortina unos ojos una rasgadura
algo que permita
cruzar
entrar
un límite
un umbral
una despedida o un encuentro
recortes de poemas
cocina en llamas sería un buen título
un sueño que no acaba
una especie de dejarse llevar en el sudor
como en una fiebre o en un ritual
un huevo frito
en una cocina en llamas a punto

de desvanecerse en el espacio
el verano es un viaje hacia el olvido
el fuego
revela lo que ya no recordábamos.

18. EL DESEO

Postergó el deseo infinidad de veces
intentando retener lo que sentía
como si el deseo se pudiera
guardar en un baúl o en una caja
o como si la caja o el baúl
se pudieran abrir mucho más tarde.
Fue como si abriera un ataúd
con alguien que enterraron aún vivo.

19. EL ESCRITOR Y LAS MUSAS

Las musas se estiran en sus divanes
para esperarme
se ponen cómodas
hablan con otros de cosas generales
pero están esperando a alguien concreto
que no crea en verdades reversibles
ni en labios de dos caras
ni en muchedumbres en el centro de la lengua
ni en pasillos en el centro de los ojos
a veces se masturban a la luz de la luna
pensando en mí
aquel que nunca llegará
y entonces me imaginan
imaginan mi cara mis ojos mi piel
mis dedos deslizándose por la hoja
como si se deslizaran por su espalda
por sus piernas por su cuello
mis dedos precisos y mis arrugas
mis manos
el tiempo acumulado
en una cicatriz que no se cura.

20. LABERINTO. EL TORO DE SCHRÖDINGER. CONCEPCIÓN DE LA CIUDAD Y EL TIEMPO

Laberinto, arquitecto.
Amor, muerte.
Arena, monstruo.
Palabras, escritor.
Sangre, héroe.
Princesa que espera ante una puerta sin retorno.
Hilo, muerte, despedida.
La posibilidad de un reencuentro
más allá del hecho de que llegue a producirse
anula la muerte.
Casa, soledad.
Madeja.
Un cuchillo en una mano inexperta
la muerte se resbala entre los dedos.
La princesa suelta hilo por si acaso.
Seguir el hilo dentro no indica la salida
solo indica la entrada
y una vez dentro no se puede
volver a entrar.
No abras la puerta el gato
puede morir
solo morir nunca escaparse
hay veneno en la caja.
O dentro del laberinto hay un toro
con la idea de que alguien muere afuera.

Esperar y morir.
Volver a despedirse por si acaso.
Olvido, amor, posibilidad.
El fin nunca es el fin.
El fin es olvidar el fin.

21. CANCIÓN DEL PÁJARO SEDIENTO

¿Qué historia cuenta
el pájaro que canta
en la rama solitaria?
¿Podría un pájaro entonar su melodía
en un bosque vacío?
¿Vacío?
¿Un bosque vacío?
Un solo pájaro en el bosque entonando una canción
imposible, los árboles también escuchan
y para ellos entonces podría cantar
o para el rocío que está a punto de llegar
como un manto de magia
entonces imagina
un pájaro solitario
en un desierto vacío
un pájaro sediento y solitario
que pretende entonar su alegre melodía
¿para nadie?
su alegre melodía y su garganta sedienta
tras largos kilómetros de vuelo
de cielo y sol
pero
¿acaso no escucha la arena?
¿cada uno de los granos del desierto?
¿pero dará sombra la arena si suena la canción?
incluso

si la arena no escuchara
¿no se escucha acaso a sí mismo?
¿sabe que es su propio canto?
tal vez el pájaro canta
pero no piensa que canta
y que está solo
y que por ello su canción alegre es triste
tal vez el pájaro escucha la canción
sin pensar que él mismo está cantando
su canción o la canción de otro
o el cuento de la historia universal
que pretende apoderarse de su propia historia.

22. LAS HOJAS

Corrían las hojas
parecía
otoño
sus cuerpos
se ahogaron en la orilla del deseo.

23. *NOSTALGIA DEL CIELO, DE LA TIERRA Y LAS NUBES*

Había más nubes antes
en el cielo había nubes
que aparecían y se transformaban
cambiaban incluso de color
y contaban historias
que muchos sabían leer...
pero se perdieron las nubes
y con ellas se perdieron los lectores
y los sueños
que engendraban las nubes
al ser leídas.

24. MD, 6980

Hay un sueño tras una cerradura
hay una llave en algún sitio
solo la llave abre la cerradura.
El tamaño del sueño que encierra la cerradura
no tiene por qué ser el de una habitación
o el de un palacio o el de un cofre
podría ser el de una caja
el de una caja pequeñita que siempre ha estado cerrada.
Si la caja se abre
el sueño podría escapar, disgregarse
mezclarse con la realidad y con la luz.
Hay un solo soñador para esa llave
y un sueño no soñado.
El gato de Schrödinger vivía en una caja
(si acaso estaba vivo)
cerrada.
También Pandora tenía una caja
cerrada.
Pero ni el gato ni Pandora hallaron
la llave.
La llave siempre se encuentra en el exterior.
No hay orquesta y sin embargo suena
la música.
Hay un soñador que ha capturado nuestro sueño.

25. LAS CHICAS SUECAS EN LOS AÑOS 90

Y eran suecas y rubias
en el momento en que las suecas
estaban de moda
y eran guapas y voluptuosas
y estaban cañón
y las chicas suecas sonreían
y se sentaron a mi lado
y la más sueca de todas
me miró a los ojos
y con su mano cogió mi mano
y la puso sobre su muslo
con suavidad como las chicas suecas
saben ser suaves y directas
y te pide en un dulce inglés
que la folles toda la noche
hasta el amanecer
hasta la hora en que coja el taxi
para ir al aeropuerto
y se despida con un largo beso
y una dulce sonrisa de hasta siempre.

26. CONVERSACIONES CON MI GATA

Yo también soy un gato
que espera tus caricias en silencio.

27. EL DESGUACE DE LA TRADICIÓN

Era un día cualquiera
hacía tiempo que no leía nada
que me interesara
excepto un libro de C. G. Jung
sobre la proyección y la sombra
que no son lo mismo
o solo son lo mismo en una cruz
y sobre los simbolismos del sí mismo
la era de Piscis
a punto de acabar
lo que para Jung era el futuro
para nosotros es el presente
es como seguir el rastro de mis pesadillas
en la noche de un sábado
pero era todavía por la tarde
y hacía tiempo que solo leía eso
y sentía como un vacío
había sido un gran amante de los libros
había incluso escrito uno
hacía tiempo
y estaba un poco preocupado taciturno
sin algo que entender
sin algo claro que entender
la era de Acuario
dominando nuestro cosmos nuestro cielo Piscis
se pierde en el pasado

en un momento dado salí a tirar la basura
y al lado del contenedor azul
encontré un libro que estaba casi nuevo
un libro voluminoso y extraño
de la editorial Cátedra
pensé que sería de algún estudiante
de literatura
había algunos post-it de colores
marcando algunas páginas
estaba en el suelo y me agaché para hojearlo
el libro se llamaba
El desguace de la tradición
y estaba escrito por
Javier Aparicio Maydeu
a quien todavía no conocía
enseguida me di cuenta de que
aquello era una bomba
era como estar en la biblioteca
fue como encontrar todos los libros
no dudé en llevarme el libro a casa
antes de incorporarme miré a mi alrededor
buscando una sonrisa cómplice
una mirada amable
estaba todavía en cuclillas y creo
que mis ojos brillaban
no encontré a nadie
y una sombra de tristeza se instaló sobre el contenedor
esperé un poco

pensé en el estudiante
o en la estudiante
o en la madre o el padre del estudiante o la estudiante
pensé también en el escritor
pensé en el profesor que era el escritor
en una historia
en un examen de literatura
y definitivamente partí con el libro hacia mi casa
la sombra de tristeza del contenedor
mutó hacia una sombra de belleza
quería agradecer
a la editorial y al escritor
y al agente oculto que dejó el libro
al lado del contenedor azul
muy cerca del desguace
donde la tradición
se guarece, se recicla y se rehace.

28. LA ÚNICA POSIBILIDAD

El círculo vicioso del dolor
en una flor que se cierra sobre sí misma
y toda la belleza
es un punto minúsculo del interior.
Está lloviendo en el fondo del espacio
es una lluvia transparente que no moja
la escucho con el cerebro y con el corazón
en el fondo íntimo del espacio
acunada por la canción prohibida
de lo imposible
como única posibilidad.

29. *EL AMOR Y LA MUERTE*

La última nube se detiene
ante tus ojos.
Te mira.
La miras.
Una gaviota
se posa en una piedra
del coliseo de Pula y observa el mar.
También te mira y también le devuelves la mirada.
Después alza el vuelo y empieza a llover.
Sentí que alguien me quería: ¿quién?
¿La muerte? ¿El amor?
Eros y Tánatos luchando por mí,
qué interesante, pensé,
qué emocionante,
aunque no sentía demasiadas preferencias
era más curiosidad
por saber quién ganaría
pensé: quien más me quiera,
así está bien.

30. *VUELTA A CASA*

Había estado una semana fuera
de casa
volví a la noche
tarde
cansado
por la mañana me desperté
no muy tarde
sonó el teléfono fijo
no lo cogí
lo dejé sonar
hasta que dejó de hacerlo
y volvió el silencio
estaba solo
vivo solo
mientras sonaba me asomé por la ventana
era agosto y hacía calor
principios de agosto
como adentrarse en un tiempo remoto
el inicio del final
había planeado no hacer nada esa semana
aislarme del mundo y del tiempo
jugar con mis reglas solo con mis reglas
sin reglas
después sonó el teléfono móvil
era un amigo
que también estaba por aquí

silencié el móvil
no había comentado
que mi teléfono fijo es un antiguo teléfono de pared
todavía funciona
ya estaba en la casa cuando llegué
es el sonido antiguo
de los teléfonos fijos
los que para llamar
debías de dar vueltas a los números
ese sonido es especial
sonaba en miles de películas
en un momento importante
así suena también en mi casa
y además esos teléfonos
no tenían pantalla
no sabías quién llamaba
hasta que descolgabas
el teléfono estaba colgado de verdad
y tenías que descolgar
para poder averiguar la voz del otro lado
del auricular
el misterio de los antiguos teléfonos fijos
igual que el sonido era especial
también el silencio posterior era especial
podías haber perdido la oportunidad de tu vida
por no descolgar el teléfono mientras sonaba
más allá alguien se preguntaba
si reconocerías su voz

la distancia entonces era más precisa más
exacta
así como atravesar la distancia
también era más como llegar de verdad
o estar de verdad o irse de verdad.

31. LA LÓGICA DEL HÉROE SIN ACCIONES

Yo sé muchas cosas
tantas
que la mayoría de las veces
cualquier cosa es una contradicción.
No sé nada, me digo,
creo que nadie sabe nada
o alguien sabe algo
que no se atreverá a decirme nunca.
Si yo te quisiera te querría siempre.
Ni el silencio ni la espera
son medidas exactas.

32. *LOS DÍAS*

Aquella luz sin tregua aquellos días
infinitos
aquellos días infinitos y ahora
los días
se alejan de los días.

33. *EL SEÑOR DE LAS PALABRAS Y EL GUARDIÁN DE LA TRISTEZA*

Vino el señor de las palabras y me dijo
¿dónde has dejado la tristeza?
¿la abandonaste en otros corazones?
¿en un recodo de una calle solitaria?
¿en medio de una calle concurrida?
Me dijo:
Oh, tú, poderoso el guardián de la tristeza,
querrás volver pero el camino
será largo
porque el dolor querrá ocultar su puerta.
Oh, tú, poderoso el guardián de la tristeza,
acaricias un espacio vacío
vuelve pronto
antes de que la puerta ya sea indistinguible
no dejes
que la tristeza se corrompa.

34. LA MENTIRA Y LA VERDAD

La mentira y la verdad van cogidas de la mano
se abrazan a menudo
hacen el amor
a veces lloran estremecidas por la otra
y por sí mismas.

35. *PARA NUNCA*

Solo sé que no me saciaré nunca
de ti los labios o la voz
no sé si entonces o ahora
pues sé que nunca saciaré mi sed
y entonces nunca es demasiado pronto
como cuando el viento se detiene
en las copas de los árboles
y los últimos pájaros
que buscan la muerte
hallan solamente la eternidad de su canto
otra vez es la misma
el mismo abismo
el territorio convergente hacia la nada
donde lo nunca
y el deseo de los labios o la voz
son el mismo reflejo que entrechoca
y decide pararse
porque el mismo reflejo refleja otras cosas
tus labios o tu voz
la luz
el cielo
o la mano y el cuenco de la mano
todo es una sucesión que no avanza
como un trozo de una película
en la que sonríes y todo es perfecto
unos segundos que no dejan

de suceder
un poco de viento en una calle
y una mirada
y una forma de sonreír, la tuya
como la felicidad y la belleza juntas
durante unos segundos
que suceden pero no avanzan
tal vez así funcione el nunca para siempre
como aquella herida en los labios que te hiciste tú misma
apretando los dientes
deseando
deseando
sin tregua en busca de la fuente milagrosa
que saciara la sed
sin tregua en busca de tus labios
sin tregua a miles de kilómetros
como si un año luz
durara una milésima y la ausencia
ya nada significara
así el nunca permanece mientras tanto
y acaricia sutilmente el infinito
la presencia y el presente
en el que para siempre y nunca se parecen.

36. *TENÍA LOS OJOS AZULES*

Tenía los ojos azules
pero tampoco lo tengo tan claro
sus ojos cambiaban con la luz
o con la oscuridad
supongo que como todos los ojos
pero supongo que sus ojos eran azules
y su piel suave
y su sonrisa una suave canción
y su espalda el último acantilado
un precipicio
entre mis manos
como un latido
de luz
una cosa sin nombre
una sombra en la boca del estómago
la ilusión de la continuidad del yo
un espejo en las avenidas del tiempo
o en los suburbios de la historia
sus ojos azules como el cielo azul
en cualquier momento del día o de la tarde o de la noche
en cualquier momento del ahora
sus ojos
con solo alzar la vista
sus posibles ojos azules
extendidos a lo ancho del cielo
y a lo profundo

donde el olvido y la memoria
pueden converger
y sus posibles ojos azules
volverse azul y luz.

37. UN CADÁVER EXQUISITO

Como un lago tardío y enfermizo
caía el cielo en nuestros ojos
le dije
sonríele a cada una de tus arrugas
sonríe a cada una cuando llegue
acógela no la sometas al
olvido
ya nunca te declararé mi amor
ya nunca más mi amor
ya nunca más mi amor en una lápida.

38. RECUERDO DE UNA PRIMAVERA EN LA TIERRA

Aquella hermosa tierra como un pájaro
que cantaba una hermosa melodía
una noche de primavera
o un poco antes
una tarde de primavera.
Primavera pues, el atardecer
como el sonido de unos ojos,
como si eso se pudiera decir,
entonces: como escuchar unos ojos
en la suave melodía del atardecer
y los colores de la primavera y las miradas.

39. *MERCURIO*

El mercurio, tus labios
tu lengua
no
mis labios
tu lengua
tus labios
el mercurio y el óxido devuelto
a su estado original.

40. FINAL

Amantes como sombras perseguidas
sin afán de futuro
la noche las caricias los susurros
detalles prolongados largas horas
de dedos que acarician realidades.
Hay que saber distinguir los secretos
de las mentiras
lo que dura el presente
de lo que dura una promesa.
El amor es el último refugio
donde se dan cita los desesperados.
La sombra del placer es una sombra dolorosa.
Algunos se retiran a soñar
otros solo a morir.
Se desliza la primera luz por la ventana
y un silencio lleno de presagios
una flor marchita adorna el futuro
mientras una muerte deliciosa se posa en el presente.

Índice

Este libro se terminó de editar en Granada
en julio de 2025 por

Aliarediciones

www.aliarediciones.es
info@aliarediciones.es